ANGELIKA ILIES

WOK

FOTOGRAFIE: ANKE SCHÜTZ, SILVIO KNEZEVIC

INHALT

*Öffnen Sie die Klappen dieses Buches.
Dort finden Sie die wichtigsten Infos zum Thema auf einen Blick!*

DAS PRINZIP:
GAREN
IM WOK

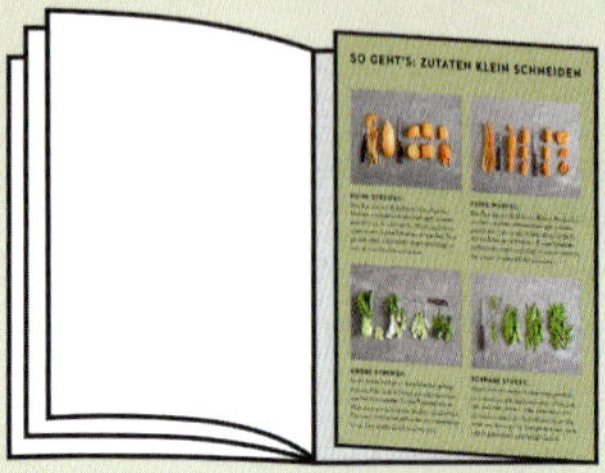

SO GEHT'S:
ZUTATEN KLEIN
SCHNEIDEN

Immer griffbereit:

SO GEHT'S:
RÜHRBRATEN
IM WOK

Immer griffbereit:

SO GEHT'S:
DÄMPFEN
IM WOK

GU CLOU

Wussten Sie schon, dass ...?
Entdecken Sie bei einigen ausgewählten Rezepten ganz besondere Tipps mit verblüffendem Insiderwissen.
Aha-Momente garantiert!

Mit diesem Symbol sind alle vegetarischen Gerichte gekennzeichnet.

Die Backzeiten können je nach Herd variieren. Unsere Temperaturangaben beziehen sich auf das Backen im Elektroherd mit Ober- und Unterhitze.

Sammeln Ihrer Lieblingsrezepte mit der »GU Kochen Plus«-App
(siehe S. 64)

REZEPTKAPITEL

ANGELIKA ILIES

Der Wok, diese wunderbar vielseitige Pfanne, ist in ihrer Küche das meist genutzte Küchengerät. Meist wird er nach dem Spülen nicht einmal in den Schrank gestellt, sondern wartet griffbereit auf seinen nächsten Einsatz. Unsere Autorin verwendet ihn nämlich auch für allerlei Kurzgebratenes mit europäischem Touch. In diesem Buch allerdings hat sie ihre liebsten Asia-Gerichte für Sie aufgeschrieben.

Wann und wie habe ich den Wok für mich entdeckt?

Alles klein schnippeln, kurz im heißen Wok herumwirbeln und sofort servieren. Das ist das Grundprinzip Wok und genau mein Ding! Und zwar seit vielen Jahren, seit ich eines meiner ersten Kochbücher über den Wok schrieb – ein toller Auftrag! Ich kannte das damals bei uns noch recht neue Küchengerät von Reisen nach Hongkong und Bali, wo ich immer vollkommen fasziniert zugeschaut habe, wie die Zutaten blitzschnell durch das Halbrund gewirbelt und dabei gegart wurden. Zurück in München, wo ich zu der Zeit lebte, ging ich erstmal gleich auf Entdeckungstour durch einen großen Asialaden bei mir um die Ecke. Der war richtig gut sortiert, und so lernte ich nach und nach die verschiedenen Gewürze, Gemüse und speziellen Nudeln kennen.

Braucht man eigentlich viele Zutaten?

Braucht man nicht. Anfangs reichen Ingwer, Curry (als Paste oder Pulver) und Sojasauce. Wer mehr will, kann heute aber auf eine große Vielzahl an Produkten zurückgreifen. Selbst in kleinen Städten gibt es mittlerweile Asialäden und auch das Angebot in den Supermärkten wird immer breiter. Ich liebe es, dort zu stöbern und entdecke selbst heute noch immer wieder Neues.

Ist der Wok ein Alltags-Kochgerät?

Ja, absolut. Bei mir ist der Wok wirklich häufig im Einsatz, dank Induktionsherd klappt das Garen darin fast so gut wie auf Gas. Oft verarbeite ich so ganz einfach die diversen Gemüsereste, die sich bei meiner Tätigkeit als Rezeptentwicklerin immer wieder mal im Kühlschrank ansammeln.

BLITZSCHNELL: KOKOS-HÜHNERCURRY

1 Bund Frühlingszwiebeln putzen, waschen und in dünne, schräge Ringe schneiden.

500 g Hähnchenbrustfilet abbrausen, trocken tupfen und schnetzeln.

2 EL Öl

1 ½ TL rote Currypaste (Asialaden)

Salz, Pfeffer

1 Dose Kokosmilch (400 ml)

Öl im Wok erhitzen, das Fleisch bei starker Hitze ca. 2 Min. unter gelegentlichem Rühren goldbraun anbraten. Frühlingszwiebeln dazugeben und ½ Min. rührbraten. Currypaste und Kokosmilch in den Wok geben, alles unter gelegentlichem Rühren ca. 3 Min. kochen lassen und mit Salz und Pfeffer abschmecken.

GEMÜSE UND TOFU

Für 2 Personen • 30 Min. Zubereitung • Pro Portion ca. 670 kcal, 25 g E, 19 g F, 100 g KH

GEMÜSE MIT UDON-NUDELN

VEGAN

250 g TK-Edamame (Asialaden)
Salz
1 Stück Ingwer (20 g)
4 Stangen Staudensellerie
300 g Chinakohl
2 EL Öl
250 g gegarte Udon-Nudeln (1 Folienpäckchen; Asialaden)
2 EL Hoisinsauce
2 EL helle Sojasauce
Pfeffer
2 EL Sesamsamen

1 Die Edamame in einem Topf gut mit Wasser bedecken, salzen, aufkochen und etwa 6 Min. bei mittlerer Hitze garen. In ein Sieb abgießen, abschrecken und die Kerne aus den Hülsen drücken. Den Ingwer schälen und fein hacken. Den Sellerie putzen, waschen und in dünne Scheiben schneiden, das Blattgrün hacken. Den Chinakohl putzen, waschen und in schmale Streifen schneiden.

2 Das Öl in einem Wok erhitzen, den Ingwer darin 15 Sek. bei starker Hitze rührbraten. Edamame, Sellerie und Chinakohl dazugeben und 2 Min. rührbraten. Die Udon-Nudeln abtropfen lassen, mit der Hoisin- und der Sojasauce in den Wok geben, alles gründlich verrühren und weitere ca. 2 Min. garen. Mit Salz und Pfeffer abschmecken und mit dem Sesam bestreut servieren.

Für 4 Personen • 30 Min. Zubereitung • Pro Portion ca. 165 kcal, 7 g E, 10 g F, 12 g KH

GEMÜSE IN HOISINSAUCE

VITAMINREICH

500 g Auberginen (möglichst dünn und lang)
250 g feste Tomaten
1 zarte Lauchstange
3 Knoblauchzehen
3 EL Öl
4 EL helle Sojasauce
4 EL Hoisinsauce
Salz, Pfeffer
4 EL geröstete Sojakerne

1 Die Auberginen putzen, waschen und in 1,5 cm dicke Scheiben, die Scheiben dann in 1,5 cm dicke Stäbchen schneiden. Die Tomaten waschen und achteln, dabei die Stielansätze entfernen. Den Lauch putzen, waschen, trocken schütteln und in schmale Ringe schneiden. Den Knoblauch schälen und fein hacken.

2 Das Öl in einem Wok erhitzen, die Auberginen darin bei starker Hitze ca. 2 Min. rührbraten. Knoblauch und Lauch dazugeben und 1 Min. mitbraten. Die Soja- und Hoisinsauce in den Wok geben und die Tomaten unterrühren. Nach Belieben einige Löffel Wasser untermischen und alles 1–2 Min. köcheln lassen. Mit Salz und Pfeffer abschmecken und mit den Sojakernen bestreut servieren.

Für 4 Personen • 30 Min. Zubereitung • Pro Portion ca. 290 kcal, 16 g E, 19 g F, 15 g KH

BROKKOLI MIT TOFU

VIETNAMESISCH

800 g Brokkoli
4 Knoblauchzehen
150 g Räuchertofu
4 EL Öl
4 EL Fischsauce
4 EL Sojasauce
2 TL brauner Zucker
Pfeffer
2 TL Speisestärke
2 EL geröstete gesalzene Erdnusskerne

1 Den Brokkoli putzen und waschen, in mundgerechte Röschen teilen, den dicken Mittelstiel schälen und klein schneiden. Den Knoblauch schälen und fein hacken. Den Tofu mit Küchenpapier trocken tupfen und in kleine Würfel schneiden.

2 Das Öl in einem Wok erhitzen, den Brokkoli darin bei starker Hitze nach und nach unter Rühren anbraten. Zuletzt auch den Knoblauch mit anbraten, das Gemüse dann bei mittlerer Hitze weitere ca. 5 Min. rührbraten. Fisch- und Sojasauce mit Zucker, etwas Pfeffer, Speisestärke und 175 ml Wasser glatt rühren. In den Wok gießen, den Tofu dazugeben und alles noch 1 Min. unter Rühren garen. Mit Pfeffer abschmecken und mit den Erdnüssen bestreut servieren.

Für 2 Personen • 30 Min. Zubereitung • Pro Portion ca. 415 kcal, 26 g E, 29 g F, 12 g KH

TOFU-CURRY MIT MANDELN

LOW CARB

30 g Mandelkerne
1 Stück Ingwer (15 g)
3 Frühlingszwiebeln
150 g Möhren
1 gelbe Paprika
1 kleine Dose Bambussprossen in Streifen (140 g Abtropfgewicht)
200 g Räuchertofu
2 EL Öl
1 TL gelbe Currypaste
175 ml Gemüsebrühe
Salz, Pfeffer

1 Die Mandeln etwas kleiner hacken. Den Ingwer schälen und hacken. Die Frühlingszwiebeln putzen, waschen und in schräge Ringe schneiden. Die Möhren schälen, die Paprika halbieren, entkernen und waschen, beides in feine Streifen schneiden. Die Bambussprossen abtropfen lassen. Den Tofu mit Küchenpapier trocken tupfen und in breite Stifte schneiden.

2 Das Öl in einem Wok erhitze. Die Mandeln, den Ingwer und das vorbereitete Gemüse bis auf die Bambussprossen darin bei starker Hitze unter Rühren ca. 2 Min. braten. Die Currypaste einrühren, mit der Brühe ablöschen und aufkochen lassen. Die abgetropften Bambussprossen und den Tofu zum Gemüse in den Wok geben, alles noch 2 Min. bei mittlerer Hitze garen. Das Curry mit Salz und Pfeffer abschmecken und servieren.

Für 4 Personen • 30 Min. Zubereitung • Pro Portion ca. 155 kcal, 6 g E, 6 g F, 20 g KH

CHINA-GEMÜSE SÜSSSAUER

KLASSIKER

FÜR DIE SAUCE

1 TL Palmzucker (ersatzweise brauner Zucker)
2 TL Speisestärke
6 EL Sojasauce
4 EL Reisessig

FÜR DAS GEMÜSE

200 g Zuckerschoten
400 g Brokkoli
100 g Shiitakepilze
1 Stück Ingwer (30 g)
2 dicke Scheiben Ananas
2 EL Öl
Salz, Pfeffer

GUT ZU WISSEN

Die Kombination »süßsauer« ist klassisch für den Süden Chinas und hat sich von dort in die ganze Welt verbreitet. Mal werden so ausschließlich Gemüsesorten vereint, mal kommen Hähnchen- oder Schweinefleisch oder auch Fisch hinzu.

SAUCE: Den Palmzucker fein zerbröckeln oder mit dem Messer durchhacken, bis er körnig ist. Anschließend mit der Stärke mischen und mit der Sojasauce, dem Reisessig und 175 ml Wasser glatt rühren und beiseitestellen.

GEMÜSE: Die Zuckerschoten putzen, waschen und schräg halbieren oder dritteln. Den Brokkoli putzen, waschen, in Röschen zerteilen, die Stiele schälen und klein schneiden. Die Pilze mit einem feuchten Tuch abreiben, die Stiele entfernen und die Hüte in Streifen schneiden. Den Ingwer schälen und fein hacken. Die Ananas schälen und in Würfel schneiden, den harten Mittelstrunk dabei entfernen.

GAREN: Das Öl in einem Wok erhitzen, den Ingwer darin ganz kurz anbraten. Die Zuckerschoten und den Brokkoli dazugeben und bei starker Hitze ca. 3 Min. rührbraten. Die Pilze dazugeben und alles weitere 2 Min. rührbraten. Die vorbereitete Sauce noch einmal durchrühren und in den Wok gießen. Die Ananas ebenfalls dazugeben und alles unter Rühren noch 1 Min. köcheln lassen. Nach Belieben mit Salz und Pfeffer abschmecken. Dazu passen Reis oder Reisnudeln.

Für 4 Personen • 30 Min. Zubereitung • Pro Portion ca. 250 kcal, 15 g E, 17 g F, 9 g KH

BUNTES PAPRIKAGEMÜSE MIT TOFU

LOW CARB

2 Knoblauchzehen
2 EL Sesamöl
300 g Räuchertofu
2 bunte Paprika
3 Frühlingszwiebeln
2 EL Öl (z. B. Raps- oder Sonnenblumenöl)
1 TL Speisestärke
4 EL helle Sojasauce
2 EL Reiswein
Salz, Pfeffer
10 Zweige Koriandergrün

1 Den Knoblauch schälen und erst in dünne Scheiben, dann in feine Stifte schneiden und in einer Schüssel mit dem Sesamöl verrühren. Den Tofu trocken tupfen, in 1 cm breite Streifen schneiden oder würfeln und in dem Würzöl marinieren. Die Paprika halbieren, entkernen, waschen und in sehr feine Streifen schneiden. Die Frühlingszwiebeln putzen, waschen und in feine, ca. 6 cm lange Streifen schneiden.

2 1 EL Öl in einem Wok erhitzen, den Tofu darin unter gelegentlichem Rühren 1 Min. bei starker Hitze anbraten, dann aus dem Wok nehmen und beiseitestellen. Das restliche Öl im Wok erhitzen und die Paprika- und Zwiebelstreifen darin 3 Min. bei starker Hitze rührbraten.

3 In einer Tasse die Stärke mit der Sojasauce und dem Reiswein glatt rühren, in den Wok gießen und alles aufkochen lassen. Den Tofu wieder untermischen und alles noch 1–2 Min. unter Rühren garen. Mit Salz und Pfeffer abschmecken. Das Koriandergrün waschen, trocken schütteln, etwas kleiner zupfen oder grob hacken und auf das Gemüse streuen.

TAUSCH-TIPP

Für eine Variante mit Huhn: Statt Tofu einfach 300 g Hühnerbrustfilet in feine Streifen schneiden und für die weitere Zubereitung ganz genau dem Rezept folgen.

Für 2 Personen • 20 Min. Zubereitung • Pro Portion ca. 310 kcal, 10 g E, 12 g F, 41 g KH

PILZPFANNE MIT SÜSSKARTOFFELN

VEGAN

300 g Süßkartoffeln
1 Bund Frühlingszwiebeln
125 g Shiitakepilze
150 g kleine feste Champignons
2 EL Öl
1 TL Fünf-Gewürze-Pulver
1 TL Sambal Manis
4 EL helle Sojasauce
Salz, Pfeffer

1 Die Süßkartoffeln schälen, waschen und in 1 cm breite Stifte schneiden. Die Frühlingszwiebeln putzen und waschen, die weißen Teile klein würfeln, die grünen Teile in 5 cm lange, schmale Streifen schneiden. Die Pilze mit einem feuchten Tuch abreiben, die Shiitakepilze von den Stielen befreien und die Hüte in Streifen schneiden, die Champignons je nach Größe halbieren oder vierteln.

2 Das Öl in einem Wok erhitzen, die Süßkartoffeln und die weißen Zwiebelteile kurz anbraten. Die Pilze dazugeben und 2 Min. bei starker Hitze rührbraten, dann auch die grünen Zwiebelstreifen dazugeben. Alles mit dem Fünf-Gewürze-Pulver, Sambal Manis und der Sojasauce würzen, 2–3 Min. rührbraten, mit Salz und Pfeffer abschmecken und servieren.

Für 2 Personen • 20 Min. Zubereitung + 2 Std. Marinieren • Pro Portion ca. 325 kcal, 25 g E, 19 g F, 14 g KH

GEDÄMPFTER WÜRZ-TOFU

VEGAN

1 Stück Ingwer (20 g)
1 Bund Koriandergrün
4 EL helle Sojasauce
1 TL Fünf-Gewürze-Pulver
1 EL geröstetes Sesamöl
1 EL Tamarindenpaste (Asialaden)
400 g Tofu
100 g Chinakohl
100 g Zuckerschoten
500 ml Gemüsebrühe
grob gehacktes Koriandergrün zum Bestreuen

1 Den Ingwer schälen und reiben. Das Koriandergrün waschen, trocken tupfen und etwas kleiner hacken. Beides in einer Schüssel mit der Sojasauce, Fünf-Gewürze-Pulver, Sesamöl und der Tamarindenpaste verrühren. Den Tofu grob würfeln, in der Marinade wenden und 2 Std. zugedeckt ziehen lassen. Den Chinakohl putzen, waschen und in breite Streifen schneiden. Die Zuckerschoten putzen, waschen und schräg in Drittel schneiden.

2 Das Gemüse in einem Dämpfkörbchen ausbreiten, den Tofu samt Marinade darauf geben und das Körbchen in einen Wok stellen. Die Brühe angießen und aufkochen, den Wokdeckel auflegen und alles ca. 10 Min. bissfest dämpfen. Anschließend das Gemüse zusammen mit dem Tofu anrichten und mit frischem Koriandergrün bestreuen.

Für 4 Personen • 30 Min. Zubereitung • Pro Portion ca. 420 kcal, 20 g E, 30 g F, 16 g KH

KOKOS-GEMÜSE MIT TOFU

VEGAN

1 Stück Ingwer (30 g)
2 kleine bunte Chilischoten
4 EL helle Sojasauce
2 TL schwarze Bohnenpaste (Asialaden)
250 g Räuchertofu
200 g Zuckerschoten
200 g Möhren
200 g Shiitakepilze
2 EL Öl
400 ml Kokosmilch (Dose)
Salz, Pfeffer

1 Den Ingwer schälen und fein hacken. Die Chilischoten halbieren, entkernen, die Hälften waschen und fein hacken. Ingwer und Chili mit der Sojasauce und der Bohnenpaste verrühren. Den Tofu in 1,5 cm breite und ca. 5 cm lange Streifen schneiden und in der Marinade wenden.

2 Die Zuckerschoten putzen, waschen und längs halbieren oder schräg in Drittel schneiden. Die Möhren schälen und in schräge dünne Scheiben schneiden. Die Pilze mit einem feuchten Tuch abreiben, die Stiele entfernen und die Hüte halbieren oder in Streifen schneiden.

3 Das Öl in einem Wok erhitzen, die Zuckerschoten und die Möhren darin 2 Min. rührbraten. Die Pilze dazugeben und ca. 2 Min. mitbraten. Die Kokosmilch angießen und aufkochen lassen. Den Tofu samt Marinade dazugeben, vorsichtig verrühren und noch kurz durchkochen. Das Gemüse nach Belieben mit Salz und Pfeffer abschmecken und in Schälchen anrichten.

Für 2 Personen • 30 Min. Zubereitung • Pro Portion ca. 290 kcal, 14 g E, 10 g F, 33 g KH

BLUMENKOHLCURRY MIT MANGO

AUS INDIEN

1 große rote Zwiebel
1 kleine rote Paprika
1 kleiner Blumenkohl mit zarten Hüllblättern
40 g getrocknete Mango
2 TL Ghee (ersatzweise Butterschmalz, Asialaden)
2 TL gelbe Currypaste
250 ml Gemüsebrühe
100 g TK-Erbsen
Salz
150 g Joghurt (3,5 %)
1 TL Speisestärke

GUT ZU WISSEN

Blumenkohlblätter sind eigentlich viel zu schade, um im Müll zu landen, denn darin stecken wertvolle Vitamine und Mineralien sowie eine Extra-Portion Geschmack. Vor allem die zarten inneren Hüllblätter eignen sich zum zusätzlichen Verzehr.

1 Die Zwiebel schälen und in feine Streifen schneiden. Die Paprika halbieren, entkernen, waschen und in feine Streifen oder schräg in Rauten schneiden. Den Blumenkohl putzen und waschen, 2 zarte Hüllblätter in feine Streifen schneiden, den Kohl in kleine Röschen zerteilen. Die Mango klein schneiden.

2 Das Ghee in einem Wok erhitzen. Die Zwiebel- und die Paprikastreifen darin unter Rühren 2 Min. anbraten. Die Currypaste einrühren, die Blumenkohlröschen zugeben und diese 1 Min. unter Rühren anbraten. Die Brühe angießen, die Mango mit den Erbsen, den geschnittenen Blumenkohlblättern und etwas Salz hinzufügen. Alles aufkochen lassen und unter häufigem Rühren ca. 5 Min. garen.

3 In einer kleinen Schüssel den Joghurt mit der Speisestärke verquirlen. Die Mischung zum Blumenkohl geben, aufkochen und unter gelegentlichem Rühren weitere ca. 2 Min. garen. Das Blumenkohlcurry abschmecken und servieren. Dazu passen Reis oder Kartoffeln.

NUDELN UND REIS

Für 4 Personen • 30 Min. Zubereitung • Pro Portion ca. 175 kcal, 2 g E, 5 g F, 27 g KH

GLASNUDELSUPPE SCHARF-SAUER

AUS CHINA

100 g Glasnudeln
2 kleine rote Chilischoten
1 Stück Ingwer (40 g)
150 g Zuckerschoten
100 g Shiitakepilze
2 EL geröstetes Sesamöl
750 ml Gemüsebrühe
2 EL Fischsauce
2 EL Reisessig
¼ TL Pfeffer

1 Die Glasnudeln in einer Schüssel in reichlich warmem Wasser einweichen. Die Chilischoten halbieren, entkernen, die Hälften waschen und in feine Streifen schneiden. Den Ingwer schälen und fein hacken. Die Zuckerschoten putzen, waschen und schräg in Drittel schneiden. Die Shiitakepilze mit einem feuchten Tuch abreiben, die Stiele entfernen und die Hüte in Streifen schneiden oder halbieren.

2 Das Öl in einem Wok erhitzen. Die Chilis und den Ingwer darin bei mittlerer Hitze 1 Min. anbraten. Die Zuckerschoten und die Pilze dazugeben und 2 Min. rührbraten. Die Brühe in den Wok gießen, die Fischsauce, den Reisessig und den Pfeffer untermischen. Die Suppe bei mittlerer Hitze ca. 5 Min. leicht kochen lassen.

3 Die Glasnudeln abtropfen lassen und evtl. mit einer Schere klein schneiden. Gut untermischen und kurz mitköcheln, dann die Suppe in Schalen anrichten und servieren.

Für 4 Personen • 30 Min. Zubereitung • Pro Portion ca. 195 kcal, 9 g E, 7 g F, 21 g KH

RAMEN-GEMÜSESUPPE

AUS JAPAN

1 Knoblauchzehe
1 Stück Ingwer (10 g)
6 EL helle Sojasauce
100 g Tofu
4 Frühlingszwiebeln
100 g Champignons
100 g zarter Blattspinat
750 ml Gemüsebrühe
100 g Ramen-Nudeln (Asialaden)
Salz, Pfeffer
4 TL geröstetes Sesamöl

1 Knoblauch und Ingwer schälen, hacken und mit der Sojasauce verrühren. Den Tofu in feine Streifen schneiden und darin wenden. Die Frühlingszwiebeln putzen, waschen und in dünne schräge Ringe schneiden. Die Champignons feucht abreiben und in Scheiben schneiden. Den Blattspinat verlesen, waschen und abtropfen lassen.

2 Die Brühe in einem Wok aufkochen, die Frühlingszwiebeln und die Champignons hineingeben und 1 Min. leise köcheln lassen. Die Ramen-Nudeln dazugeben und ca. 4 Min. mitgaren. Den Tofu mit der Marinade und dem Spinat in den Wok geben und 1 Min. mit erhitzen. Die Suppe mit Salz und Pfeffer abschmecken, in Schalen füllen und mit Sesamöl beträufelt servieren.

WAN TANS MIT GEMÜSEFÜLLUNG

FÜR GÄSTE

Für 4 Personen • 55 Min. Zubereitung • Pro Portion ca. 580 kcal, 10 g E, 38 g F, 48 g KH

30 Wan-Tan-Teigblätter (ca. 10 × 10 cm; tiefgekühlt, Asialaden)
150 g Möhren
4 Frühlingszwiebeln
1 kleine Dose Maiskörner (140 g Abtropfgewicht)
1 Stück frischer Ingwer (20 g)
4 EL helle Sojasauce
1 TL Rohrohrzucker
Pfeffer
1 Eiweiß (M)

AUSSERDEM
500 ml Öl zum Frittieren
ca. 200 ml süße Chilisauce

TAUSCH-TIPP
Wan-Tan-Teigblätter können Sie auch durch dünn ausgerollten Nudel- oder Filoteig aus der Kühltheke ersetzen.

1 Die Wan-Tan-Teigblätter auftauen lassen (Bild 1), dabei am besten mit einem Tuch abdecken, damit sie nicht trocken und brüchig werden. Die Möhren schälen und in sehr feine Würfel schneiden oder grob raspeln. Die Frühlingszwiebeln putzen und waschen, längs halbieren oder vierteln, dann quer in sehr dünne Scheiben schneiden (Bild 2). Die Maiskörner in einem Sieb gut abtropfen lassen.

2 Den Ingwer schälen und fein hacken. In einer Schüssel mit der Sojasauce, Zucker und Pfeffer verquirlen. Das vorbereitete Gemüse darin wenden (Bild 3). Nach und nach ein Teigblatt vom Stapel nehmen, die Ränder dünn mit verquirltem Eiweiß bestreichen. 1 TL Gemüsemischung in der Mitte daraufsetzen, die Teigränder nach oben heben und zusammendrücken oder -drehen, sodass die Füllung fest eingeschlossen ist (Bild 4).

3 Das Öl zum Frittieren im Wok erhitzen. Es ist heiß genug, wenn an einem hineingehaltenen Holzlöffelstiel sofort kleine Bläschen nach oben steigen. Die Teigtäschchen portionsweise je ca. 2 Min. goldbraun frittieren (Bild 5). Mit einer Schaumkelle herausheben und kurz auf Küchenpapier abtropfen lassen, dann in Schälchen oder auf Teller anrichten und zusammen mit der Chilisauce servieren (Bild 6).

Für 4 Personen • 1 Std. Zubereitung • Pro Portion ca. 105 kcal, 6 g E, 0 g F, 19 g KH

GEDÄMPFTE GARNELEN-WAN TANS

ALS VORSPEISE

12 Wan-Tan-Teigblätter (ca. 10 × 10 cm; tiefgekühlt, Asialaden)
2 getrocknete Shiitakepilze
1 zarte Frühlingszwiebel
50 g geschälte, gekochte Garnelen
2 EL Maiskörner (Dose)
1 Stück Ingwer (30 g)
2 kleine Knoblauchzehen
4 EL Sojasauce
¼ TL Sambal Oelek
1 TL Mehl

1 Die Wan-Tan-Teigblätter auftauen lassen, dabei mit einem Tuch abdecken, damit sie nicht trocken und brüchig werden. Inzwischen die Shiitakepilze abbrausen und ca. 15 Min. in warmem Wasser einweichen.

2 Die Frühlingszwiebel putzen, waschen und in feine Ringe schneiden. Die Garnelen kalt abbrausen, mit Küchenpapier trocken tupfen und fein hacken. Die Pilze abtropfen lassen und ohne die harten Stiele in kleine Stücke schneiden. Garnelen und zerkleinerte Pilze mit Frühlingszwiebeln und Mais vermischen. Den Ingwer und Knoblauch schälen und fein hacken. Mit 1 EL Sojasauce und Sambal Oelek verrühren und unter die Garnelenfüllung mischen.

3 Nach und nach die Teigplatten vom Stapel heben und einzeln auf ein Arbeitsbrett legen. Jeweils etwa 1 TL Garnelenfüllung in der Mitte daraufsetzen. In einem Schälchen das Mehl mit 1 EL Wasser glatt rühren, die Ränder der Teigplatten damit einstreichen. Den Teig an den Seiten hochnehmen und über der Füllung zusammendrücken und leicht eindrehen, sodass kleine Säckchen entstehen.

4 Die Hälfte der Säckchen mit etwas Abstand zueinander in ein Dämpfkörbchen setzen und in den Wok stellen. Etwa 50 ml Wasser und die restliche Sojasauce in den Wok geben, aufkochen lassen, den Wokdeckel auflegen und die Teigtäschchen ca. 6 Min. dämpfen. Herausnehmen und warm stellen, dann die übrigen Wan-Tans dämpfen.

GU **CLOU**

Einmal formen – zweimal genießen. Dafür geich die doppelte Menge zubereiten, die Hälfte der Teigtaschen auf einem Tablett einfrieren und später in TK-Dosen verpacken. Zum Auftauen auf ein Brett ausbreiten und mit einem Tuch abdecken, dann wie beschrieben dämpfen.

Für 2 Personen • 30 Min. Zubereitung • Pro Portion ca. 540 kcal, 34 g E, 20 g F, 56 g KH

REISNUDELN MIT PAK CHOI

SCHARF

100 g schmale Reisbandnudeln
2 rote Chilischoten
~~2 Kaffirlimettenblätter (Asialaden)~~
250 g Mini-Pak Choi
200 g Hähnchenbrustfilet
2 EL geröstete gesalzene Cashewkerne
2 EL Öl
1 EL Fischsauce
4 EL süße Sojasauce
4 Zweige Minze
Salz, Pfeffer

TAUSCH-TIP
Wer es gerne etwas authentisch-asiatischer mag, kann die Minze auch durch Thai-Basilikum ersetzen. Es sieht unserem gewohnten Basilikum zwar ein wenig ähnlich, der Geschmack ist jedoch völlig anders und recht intensiv.

1 Die Nudeln in einer Schüssel mit heißem Wasser übergießen und 15 Min. quellen lassen. Die Chilischoten putzen, entkernen, waschen und in sehr feine Ringe schneiden. Die Limettenblätter waschen, abtupfen und in feine Streifen schneiden. Den Pak Choi putzen, waschen, die Blätter in 1–2 cm breite Streifen schneiden, den Strunk fein hacken. Das Hähnchenbrustfilet abbrausen, trocken tupfen und fein schnetzeln. Die Cashewkerne mit einem Messer grob hacken.

2 Das Öl in einem Wok nicht zu stark erhitzen, die Cashewkerne darin goldbraun anbraten. Die Chiliringe und die Limettenblätter dazugeben und kurz anbraten, dann den Pak Choi dazugeben und bei starker Hitze 2 Min. rührbraten. Das Gemüse an den Rand des Wok schieben. Das Hähnchenfleisch in der Mitte des Wok 1 Min. unter Rühren rundherum scharf anbraten. Das Fleisch mit dem Gemüse mischen.

3 Die Reisnudeln abgießen, abtropfen lassen und in den Wok geben. Alles mit der Fischsauce und der Sojasauce würzen und noch 1–2 Min. unter Rühren braten. Die Minze waschen, trocken tupfen, in feine Streifen schneiden und über die Zutaten im Wok streuen. Alles nach Belieben mit Salz und Pfeffer abschmecken und sofort servieren.

Für 2 Personen • 20 Min. Zubereitung • Pro Portion ca. 445 kcal, 28 g E, 13 g F, 53 g KH

MIE-NUDELN MIT HUHN

WÜRZIG

125 g Mie-Nudeln (Instant)
1 Stück Ingwer (15 g)
1 rote Chilischote
25 g geröstete gesalzene Cashewkerne
150 g Hähnchenbrustfilet
250 g Chinakohl
1 EL Öl
1 TL grüne Currypaste
2 EL süße Sojasauce
Salz
gehacktes Koriandergrün zum Bestreuen

1 Die Nudeln in einer Schüssel mit kochend heißem Wasser übergießen und ca. 5 Min. quellen lassen. Den Ingwer schälen und fein hacken. Die Chilischoten halbieren, entkernen, die Hälften waschen und in feine Streifen schneiden. Die Cashewkerne kleiner hacken. Das Hähnchenbrustfilet abbrausen, trocken tupfen und in 1 cm große Würfel schneiden. Den Chinakohl putzen, waschen und trocken schütteln, den Kohl mit einem Messer längs vierteln und quer in 1 cm breite Streifen schneiden.

2 Das Öl in einem Wok erhitzen, Ingwer, Chili und Cashewkerne darin leicht anbraten. Hähnchen dazugeben und unter Rühren bei starker Hitze ca. 1 Min. scharf anbraten. Chinakohl und Currypaste dazugeben und 1–2 Min. rührbraten. Die Nudeln in ein Sieb abgießen, gut abtropfen lassen, in den Wok geben und alles unter Rühren 2–3 Min. braten. Mit Sojasauce würzen und mit Salz abschmecken. Mit Koriandergrün bestreut servieren.

Für 2 Personen • 20 Min. Zubereitung • Pro Portion ca. 565 kcal, 25 g E, 28 g F, 53 g KH

BROKKOLINUDELN MIT EI

SCHARF

125 g Mie-Nudeln (Instant)
250 g Brokkoli
2 Knoblauchzehen
30 g geschälte Mandeln
2 EL Öl
3 Eier (M)
2 TL Sambal Oelek
1 EL Zitronensaft
3 EL helle Sojasauce
Salz, Pfeffer

1 Die Mie-Nudeln nach Packungsangaben in einer Schüssel mit kochend heißem Wasser übergießen und ca. 5 Min. quellen lassen. Den Brokkoli putzen, waschen, in kleine Röschen teilen, die Stiele schälen und klein würfeln. Den Knoblauch schälen und fein hacken. Die Mandeln grob hacken.

2 Etwa 1 EL Öl in einem Wok erhitzen. Den Brokkoli dazugeben und bei mittlerer Hitze 5 Min. rührbraten. Den Knoblauch und die Mandeln einrühren, weitere 2 Min. rührbraten. Die Eier mit Sambal Oelek, Zitronensaft, Sojasauce, Salz und Pfeffer verquirlen. Den Brokkoli an den Rand des Wok schieben, das restliche Öl in der Wokmitte erhitzen, das Ei hineingeben und unter Rühren stocken lassen – dabei nach und nach den Brokkoli untermischen. Die Nudeln abgießen, gut abtropfen lassen, dazugeben und untermischen.

Für 2 Personen • 20 Min. Zubereitung • Pro Portion ca. 870 kcal, 34 g E, 15 g F, 151 g KH

GEBRATENE UDON-NUDELN

SCHNELL

1 Bund Frühlingszwiebeln
2 Stangen Staudensellerie mit Blattgrün
1 Stück Ingwer (20 g)
400 g gegarte Udon-Nudeln (Folienpäckchen, Asialaden)
2 EL Öl
100 g Krebsfleisch (gekocht; ersatzweise kleine Garnelen)
2 EL Hoisinsauce (Asialaden)
Salz, Pfeffer

1 Die Frühlingszwiebeln putzen, waschen und in schmale Ringe schneiden. Den Sellerie putzen und waschen, das Blattgrün in feine Streifen schneiden und beiseitelegen, die Stangen in Scheiben schneiden. Den Ingwer schälen und hacken. Die Udon-Nudeln nach Herstellerangaben auftauen, in ein Sieb geben und abtropfen lassen.

2 Das Öl in einem Wok erhitzen, das vorbereitete Gemüse und den Ingwer darin unter Rühren 2 Min. anbraten. Die abgetropften Udon-Nudeln mit in den Wok geben, mit dem Gemüse mischen und 2–3 Min. rührbraten. Das Krebsfleisch und die Hoisinsauce dazugeben. Alles nochmal kurz zusammen erhitzen, mit Salz und Pfeffer abschmecken. Mit dem Staudenselleriegrün bestreuen.

GUT ZU WISSEN

Nudeln sind in Japan sehr beliebt. »Ramen« und »Somen« sind dünn und aus Weizenmehl hergestellt, »Soba-Nudeln« entstehen aus Buchweizenmehl oder einer Mischung aus Buchweizen und Weizen. »Udon-Nudeln« sind meistens dick, dabei rund oder platt und ebenfalls aus Weizen hergestellt.

Für 4 Personen • 30 Min. Zubereitung • Pro Portion ca. 320 kcal, 8 g EW, 8 g F, 53 g KH

KURKUMA-REIS MIT GEMÜSE

VEGAN

200 g Basmatireis
Salz
2 Knoblauchzehen
1 Stück Kurkumawurzel (ca. 4 cm)
1 zarte Lauchstange
2 dicke Möhren
2 EL Öl
1 EL Kreuzkümmelsamen
Pfeffer

1 Den Basmatireis mit der doppelten Menge Wasser (ca. 400 ml) in einem Topf aufkochen, leicht salzen und zugedeckt bei schwacher Hitze ca. 15 Min. bissfest garen, anschließend in ein Sieb abgießen und gut abtropfen lassen.

2 Während der Reis gart, die Knoblauchzehen und die Kurkumawurzel schälen (am besten Einweghandschuhe dabei tragen, da Kurkuma stark färbt). Knoblauch und Kurkuma fein hacken. Den Lauch putzen, in 4 cm lange Stücke schneiden, waschen und die Stücke längs in schmale Streifen schneiden. Die Möhren schälen und ebenfalls in schmale Streifen schneiden.

3 Das Öl in einem Wok erhitzen, die Kreuzkümmelsamen, den Knoblauch und die Kurkumawürfel darin 1 Min. anbraten. Die Lauch- und Möhrenstifte einrühren, dann auch den abgetropften Reis. Alles noch 4–5 Min. rührbraten, zuletzt mit Salz und Pfeffer abschmecken.

Für 4 Personen • 30 Min. Zubereitung • Pro Portion ca. 275 kcal, 8 g EW, 6 g F, 46 g KH

REIS MIT SPINAT UND PILZEN

SCHARF

200 g Basmatireis
Salz
100 g Schalotten
1 Stängel Zitronengras
100 g zarter Blattspinat
200 g kleine feste Champignons
100 g Shiitakepilze
2 EL Öl
8 EL Teriyaki-Sauce (Asialaden)
1 EL Sambal Oelek

1 Den Reis mit der doppelten Menge Wasser (ca. 400 ml) in einen Topf geben und aufkochen, leicht salzen und zugedeckt bei schwacher Hitze ca. 15 Min. bissfest garen. Anschließend in ein Sieb abgießen und gut abtropfen lassen.

2 Die Schalotten schälen und in Spalten schneiden. Das Zitronengras putzen, waschen und hacken oder in sehr feine Ringe schneiden. Den Spinat verlesen, waschen und trocken schleudern. Die Pilze mit einem feuchten Tuch abreiben, bei den Shiitakepilzen die Stiele entfernen und die Hüte und Champignons grob schneiden.

3 Das Öl in einem Wok erhitzen, die Schalotten und das Zitronengras darin ½ Min. rührbraten. Die Pilze dazugeben und 2 Min. mit anbraten, dann den Reis und den Spinat einrühren und 3 Min. unter Rühren weiterbraten. Die Teriyaki-Sauce mit dem Sambal Oelek verrühren und zum Reis servieren oder bereits im Wok darüber träufeln.

FLEISCH UND FISCH

Für 4 Personen • 20 Min. Zubereitung • Pro Portion ca. 400 kcal, 19 g E, 19 g F, 35 g KH

RINDFLEISCH-GLASNUDEL-SALAT

SCHNELL

130 g breite Glasnudeln
1 rote Chilischote
150 g kleine braune Champignons
4 Frühlingszwiebeln
2 EL Öl
250 g mageres Rinderhackfleisch
150 g TK-Erbsen (aufgetaut)
Salz, Pfeffer
1 Bio-Limette
5 EL helle Sojasauce
2 EL geröstetes Sesamöl

1 Die Glasnudeln mit kochend heißem Wasser übergießen und 10 Min. ziehen lassen. Die Chilischote halbieren, entkernen, die Hälften waschen und in feine Streifen schneiden. Die Champignons mit einem feuchten Tuch abreiben und in dünne Scheiben schneiden. Die Frühlingszwiebeln putzen, waschen und längs in ca. 5 cm lange, schmale Streifen schneiden.

2 Das Öl in einem Wok erhitzen, das Hackfleisch darin bei starker Hitze krümelig anbraten. Die Chilistreifen und die Erbsen dazugeben, alles mit etwas Salz und Pfeffer würzen und knapp 5 Min. bei mittlerer Hitze rührbraten. Die Glasnudeln in ein Sieb abgießen, mit einer Schere etwas kleiner schneiden und zurück in die Schüssel geben. Die Hackfleischmischung über die Glasnudeln geben.

3 Die Limette heiß abwaschen, abtrocknen, etwas Schale fein abreiben und den Saft auspressen. Schale und Saft mit der Sojasauce und dem Sesamöl verrühren, über das Hackfleisch geben. Die Champignons und die Frühlingszwiebeln dazugeben, alles vermischen, abschmecken und servieren.

Für 4 Personen • 20 Min. Zubereitung • Pro Portion ca. 185 kcal, 20 g E, 7 g F, 7 g KH

TINTENFISCHSALAT MIT PAPAYA

FÜR GÄSTE

1 rote Chilischote
1 Bund zarte Frühlingszwiebeln
4 Stangen Staudensellerie
400 g Tintenfisch-Tuben (küchenfertig)
2 EL Öl
Salz, Pfeffer
4 EL Limettensaft
4 EL helle Sojasauce
1 kleine Papaya (ca. 300 g)
6 Stängel Koriandergrün

1 Die Chilischote halbieren, entkernen, die Hälften waschen und in feine Streifen schneiden. Die Frühlingszwiebeln putzen, waschen und in dünne Ringe schneiden. Den Sellerie putzen, waschen und in dünne Scheiben schneiden, das Blattgrün beiseitelegen. Die Tintenfisch-Tuben waschen, trocken tupfen und in mundgerechte Stücke schneiden.

2 Das Öl in einem Wok erhitzen, den Tintenfisch darin höchstens 1 ½ Min. bei starker Hitze rührbraten, dabei leicht salzen und pfeffern. Chilistreifen, Frühlingszwiebeln und den Sellerie ½ Min. mit rührbraten, dann den Wok beiseitestellen.

3 Limettensaft und Sojasauce in einer Salatschüssel miteinander verrühren und die Zutaten aus dem Wok untermischen. Die Papaya schälen, halbieren und entkernen, das Fruchtfleisch in dünne Spalten schneiden und auf Teller auslegen. Den Salat darauf platzieren. Den Koriander waschen, trocken tupfen, fein schneiden und nach Belieben mit dem Selleriegrün über den Salat streuen. Sofort servieren.

GU **CLOU**

Tintenfisch wird beim Garen schnell zäh und gummiartig. Nur wenn er ganz kurz oder sehr lange gegart wird, gerät er butterweich. Am besten eignen sich daher für Tintenfisch die Garmethoden Pfannenrühren, Kurzbraten und Grillen oder aber ausgiebiges Schmoren in Sauce.

Für 4 Personen • 30 Min. Zubereitung • Pro Portion ca. 520 kcal, 36 g E, 36 g F, 12 g KH

HUHN IN CASHEW-KOKOS-CREME

INDISCH

70 g Cashewkerne
200 g Zwiebeln
1 Knoblauchzehe
2 rote Chilischoten
1 Stück Ingwer (40 g)
500 g Hähnchenbrustfilet
3 EL Öl
40 g Tomatenmark
400 g Kokosmilch
Salz, Pfeffer
½ Bund Koriandergrün

DAZU PASST

Am besten stilecht indisches Fladenbrot dazu servieren – etwa Chapati oder Naan. Ebenso gut schmeckt aber auch Reis als Beilage.

1 Etwa 2 EL Cashewkerne beiseitelegen, den Rest in einer Kaffeemühle oder im Food-Prozessor fein zerkleinern. Die Zwiebeln und den Knoblauch schälen und sehr klein würfeln. Die Chilischote halbieren, entkernen, die Hälften waschen und in feine Streifen schneiden. Den Ingwer schälen und fein würfeln. Das Hähnchenbrustfilet abbrausen, trocken tupfen und in 3 cm große Würfel schneiden.

2 Die beiseitegelegten Cashewkerne im trockenen Wok goldbraun rösten, herausnehmen, ein wenig kleiner hacken und beiseitestellen. Etwa 1 EL Öl im Wok erhitzen, das Fleisch darin bei starker Hitze 2 Min. rundherum goldbraun anbraten. Mit einer Schaumkelle herausheben und beiseitestellen.

3 Das restliche Öl im Wok erhitzen. Zwiebeln, Knoblauch, Chilis und Ingwer darin ca. 1 Min. anbraten. Das Tomatenmark mit anrösten, dann mit der Kokosmilch ablöschen. Die gemahlenen Cashewkerne einrühren und alles aufkochen lassen. Das Hähnchenfleisch wieder dazugeben und die Cashew-Kokos-Creme weitere ca. 5 Min. köcheln lassen.

4 Das Koriandergrün waschen, trocken tupfen und hacken. Gut die Hälfte unter das Curry rühren, dieses mit Salz und Pfeffer abschmecken und mit dem restlichen Koriandergrün sowie den gerösteten Cashewkernen bestreut servieren.

HÄHNCHENSCHENKEL SÜSSSAUER

FÜR KINDER

8 Hähnchen-Unterschenkel (ca. 800 g)
1 Stück Ingwer (30 g)
2 EL Öl
3 EL Sojasauce
2 EL Rohrohrzucker
2 EL Reisessig
1 dicke Lauchstange
1 Dose Bambussprossen in Streifen (ca. 140 g Abtropfgewicht)
1 kleine Dose Maiskörner (ca. 140 g Abtropfgewicht)
Salz, Pfeffer
4 EL geröstete Sesamsamen

TAUSCH-TIPP

Statt der Bambussprossen können auch Wasserkastanien mit im Wok landen. Oder Sie verzichten auf beides und geben den Inhalt einer großen Dose Maiskörner hinzu.

1 Die Hähnchen-Unterschenkel abbrausen und trocken tupfen. Den Ingwer schälen und erst in dünne Scheiben und diese in dünne Stifte schneiden. Das Öl in einem Wok erhitzen, die Hähnchenteile darin bei starker Hitze unter gelegentlichem Wenden ca. 5 Min. rundherum goldbraun anbraten. Zum Schluss den Ingwer dazugeben und mit anbraten.

2 In einem Becher ca. 100 ml Wasser mit der Sojasauce, dem Rohrohrzucker und dem Reisessig verrühren. Über die Hähnchenteile gießen und aufkochen lassen. Den Wokdeckel auflegen und die Hähnchenteile bei mittlerer Hitze ca. 25 Min. garen, zwischendurch mindestens einmal wenden, damit sie gleichmäßig durchgaren.

3 Den Lauch putzen, schlitzen, waschen und in 1 cm dicke Ringe schneiden. Die Bambussprossen und den Mais abtropfen lassen. Die Hähnchenteile aus dem Wok nehmen und zugedeckt beiseitestellen. Den Lauch, die Bambussprossen und den Mais unter die Sauce im Wok mischen, alles bei starker Hitze 3 Min. kochen lassen, mit Salz und Pfeffer abschmecken. Das Gemüse auf Teller anrichten, die Hähnchenteile darauf platzieren und mit Sesam bestreuen.

Für 4 Personen • 30 Min. Zubereitung • Pro Portion ca. 240 kcal, 39 g E, 7 g F, 6 g KH

ROTES PUTENCURRY MIT GALGANT

LOW CARB

600 g Putenbrustfilet
1 Stück Galgant (40 g, Asialaden; ersatzweise Ingwer)
500 g Mini-Pak Choi
2 EL Öl
3 TL rote Currypaste
200 ml Gemüsefond (Glas)
4 EL süße Sojasauce
1 Bund Thai-Basilikum (Asialaden)
Salz, Pfeffer

1 Das Putenbrustfilet abbrausen, mit Küchenpapier trocken tupfen und in schmale Streifen schneiden. Die Galgant-Wurzel schälen und fein hacken. Den Pak Choi putzen und waschen, in 2–3 cm breite Streifen schneiden.

2 Das Öl in einem Wok erhitzen, das Fleisch und den Galgant darin unter Rühren 2 Min. scharf anbraten. Pak Choi dazugeben und noch 1 Min. bei starker Hitze rührbraten. Die Currypaste, den Fond und die Sojasauce dazugeben, alles 1–2 Min. unter Rühren kochen lassen.

3 Das Thai-Basilikum waschen, trocken tupfen und grob zerschneiden. Etwa die Hälfte davon unter das Curry mischen und dieses nach Belieben mit Salz und Pfeffer abschmecken. In Schalen anrichten und mit dem restlichen Thai-Basilikum bestreut servieren. Dazu passen sehr gut Reisbandnudeln.

Für 4 Personen • 20 Min. Zubereitung • Pro Portion ca. 300 kcal, 33 g E, 9 g F, 21 g KH

SCHWEINEFILET IN BOHNENSAUCE

SCHNELL

1 Dose Maiskölbchen (in Wasser eingelegt; nicht in Marinade; 280 g Abtropfgewicht)
1 dünne Lauchstange
500 g Schweinefilet
2 EL Öl
3 EL helle Sojasauce
3 EL schwarze Bohnenpaste (Asialaden)
1 TL Speisestärke
Salz, Pfeffer

1 Die Maiskölbchen abtropfen lassen und quer halbieren. Die Lauchstange putzen, längs halbieren, waschen, trocken schütteln und in dünne Scheiben schneiden. Das Schweinefilet abbrausen, trocken tupfen und in ½ cm dicke Scheiben schneiden.

2 Das Öl in einem Wok erhitzen, nach und nach die Fleischscheiben von jeder Seite ca. 15 Sek. scharf anbraten. Angebratene Scheiben an den Rand schieben, weitere Scheiben in der Wok-Mitte anbraten. Wenn alle Fleischscheiben angebraten sind, den Mais und den Lauch in den Wok geben, alles bei starker Hitze 1 Min. rührbraten.

3 Die Sojasauce mit der Bohnenpaste, 5 EL kaltem Wasser und der Speisestärke gut verquirlen, in den Wok gießen und alles noch 1 Min. unter Rühren garen. Das Gericht mit Salz und Pfeffer abschmecken und möglichst sofort servieren.

Für 2 Personen • 30 Min. Zubereitung • Pro Portion ca. 630 kcal, 39 g E, 46 g F, 15 g KH

ENTENBRUST MIT SPROSSEN

LOW CARB

FÜR DAS SPROSSEN-GEMÜSE

1 Stück Ingwer (15 g)
3 Frühlingszwiebeln
½ rote Paprika
125 g Mungbohnensprossen
3 EL Sojasauce

FÜR DIE ENTENBRUST

1 Entenbrustfilet (ca. 350 g)
1 Eiweiß (M)
1 EL Speisestärke
Salz

AUSSERDEM

500 ml Öl zum Frittieren
10 Stängel Koriandergrün

GUT ZU WISSEN
Neben Rührbraten, Dämpfen und Schmoren ist in Asien das Frittieren im Wok sehr beliebt. Vorteil: Man braucht weniger Öl als in einer Fritteuse, kann die Zutaten leicht auf den Punkt garen und schont so die wertvollen Inhalts- und Aromastoffe.

SPROSSENGEMÜSE: Den Ingwer schälen und in sehr feine Stifte schneiden. Die Frühlingszwiebeln putzen, waschen und in dünne schräge Ringe schneiden. Die Paprika putzen, entkernen, waschen und in feine Stifte schneiden. Die Mungbohnensprossen kalt abspülen und gut abtropfen lassen.

ENTENBRUST: Das Entenbrustfilet abbrausen, trocken tupfen und in ca. 1 × 4 cm große Streifen schneiden. Das Eiweiß steif schlagen, dann die Speisestärke und ½ TL Salz unterrühren. Die Entenbruststücke darin wenden.

GAREN: Das Öl zum Frittieren in einem Wok erhitzen. Es ist heiß genug, wenn an einem hineingehaltenen Holzlöffelstiel sofort kleine Bläschen nach oben steigen. Die Fleischstreifen darin portionsweise bei starker Hitze in ca. 1 ½ Min. goldbraun frittieren. Achtung, es spritzt! Angebratene Stücke mit einer Schaumkelle herausheben und kurz auf Küchenpapier abtropfen lassen.

FERTIGSTELLEN Wenn alle Fleischstreifen frittiert sind, das Öl bis auf 1 EL aus dem Wok abgießen. Den Ingwer in den Wok geben und unter Rühren ca. 15 Sek. anbraten. Frühlingszwiebeln und Paprikastreifen dazugeben und 1 Min. bei starker Hitze rührbraten. Die Mungbohnensprossen, Sojasauce und ca. 5 EL Wasser einrühren und zusammen noch 1 Min. garen. Das Fleisch wieder hinzufügen und alles abschmecken. Das Koriandergrün abbrausen, trocken tupfen, die Blättchen abzupfen und darüber verteilen.

Für 4 Personen • 20 Min. Zubereitung • Pro Portion ca. 250 kcal, 29 g E, 10 g F, 10 g KH

TAMARINDEN-ZWIEBEL-BEEF

FÜR GÄSTE

500 g Rindersteak (z. B. Roastbeef)
1 großes Bund Frühlingszwiebeln
1 Stück Ingwer (40 g)
2 EL Öl
6 EL süße Sojasauce
4 EL Tamarindenpaste (Glas; Asialaden)
½ Bund Koriandergrün
Salz, Pfeffer

1 Das Steakfleisch abbrausen, mit Küchenpapier trocken tupfen, in 1 cm dicke Scheiben und diese in 4 cm breite Streifen schneiden. Die Frühlingszwiebeln putzen und waschen, etwas Zwiebelgrün in feine Ringe schneiden und beiseitelegen, den Rest in ½ cm dicke Scheiben schneiden, dicke Knollen ggf. zuerst halbieren. Den Ingwer schälen und fein hacken.

2 Das Öl in einem Wok erhitzen, das Fleisch und den Ingwer darin 1 Min. scharf anbraten. Die Frühlingszwiebeln dazugeben und alles 1 Min. bei starker Hitze rührbraten. Die Sojasauce mit der Tamarindenpaste und ca. 100 ml Wasser verquirlen, in den Wok gießen und alles einmal aufkochen lassen. Das Koriandergrün waschen, trocken schütteln und grob hacken. Zum Fleisch geben, alles mit Salz und Pfeffer abschmecken und mit Zwiebelgrün bestreut servieren. Dazu passt sehr gut Basmatireis.

Für 4 Personen • 25 Min. Zubereitung • Pro Portion ca. 560 kcal, 35 g E, 28 g F, 43 g KH

SCHWEINEFILET MIT PAK CHOI

HERZHAFT

400 g Pak Choi
2 rote Zwiebeln
400 g Schweinefilet
2 EL Öl
2 TL rote Currypaste
1 Dose Kokosmilch (400 g)
3 EL dunkle Sojasauce
1 EL süße Sojasauce
Salz, Pfeffer
200 g Instant-Woknudeln

1 Den Pak Choi putzen, waschen und abtropfen lassen. Die hellen Teile quer in dünne Scheiben, die dunkleren Blätter quer in 2 cm breite Streifen schneiden. Die Zwiebeln schälen und in feine Spalten schneiden. Das Schweinefilet abbrausen, mit Küchenpapier trocken tupfen und 1 cm groß würfeln.

2 Das Öl in einem Wok erhitzen, die Pak Choi-Stiele und Zwiebeln darin 2 Min. bei starker Hitze rührbraten, dann an den Rand schieben. Das Fleisch nach und nach in der Mitte des Woks anbraten. Alle Zutaten im Wok mischen. Die Currypaste einrühren und mit der Kokosmilch ablöschen. Mit beiden Sojasaucen würzen, die Pak Choi-Blätter einrühren und alles noch ca. 3 Min. unter Rühren garen. Mit Salz und Pfeffer kräftig abschmecken. Die Instant-Woknudeln untermischen, evtl. etwas Wasser gemäß Herstellerangaben ergänzen und alles zusammen weitere 1–2 Min. garen. Sofort servieren.

Für 2 Personen • 20 Min. Zubereitung • Pro Portion ca. 375 kcal, 37 g E, 12 g F, 27 g KH

TERIYAKI-HUHN MIT PILZEN

JAPANISCH

¼ Bund Schnittlauch
1 kleine Knoblauchzehe
125 g Shiitakepilze
300 g Hähnchenbrustfilet
2 EL Öl
3 EL Teriyaki-Sauce (Asialaden)
2 EL Honig
1 TL gemahlener Kardamom
1 TL Speisestärke
Salz, Pfeffer

1 Den Schnittlauch waschen, trocken tupfen, die Spitzen abschneiden und zum Garnieren beiseitelegen, den Rest in Röllchen schneiden. Den Knoblauch schälen und fein hacken. Die Shiitakepilze mit einem feuchten Tuch abreiben, die Stiele entfernen und die Hüte in breite Streifen schneiden. Das Hähnchenbrustfilet abbrausen, trocken tupfen und ca. 2 cm groß würfeln.

2 Das Öl in einem Wok erhitzen, das Fleisch darin unter Rühren 1 Min. scharf anbraten. Die Pilze und den Knoblauch dazugeben und 1 Min. bei starker Hitze rührbraten. Teriyaki-Sauce, Honig und Kardamom dazugeben und alles gut miteinander vermengen. Die Speisestärke in einer Tasse mit 100 ml kaltem Wasser glatt rühren. In den Wok gießen und alles noch einmal aufkochen lassen. Mit Salz und Pfeffer abschmecken und den Schnittlauch darüber streuen.

Für 4 Personen • 40 Min. Zubereitung • Pro Portion ca. 320 kcal, 22 g E, 23 g F, 6 g KH

HACKBÄLLCHEN IN SESAMGEMÜSE

PREISWERT

1 rote Paprika
1 Bund Frühlingszwiebeln
150 g Mungbohnensprossen
400 g mageres Schweinehackfleisch (ersatzweise gemischtes Hackfleisch)
Salz, Pfeffer
½ TL Fünf-Gewürze-Pulver
20 g Sesamsamen
3 EL Hoisinsauce (Asialaden)

1 Die Paprika putzen, entkernen, waschen und in feine Streifen schneiden. Die Frühlingszwiebeln putzen, waschen und längs in Streifen, diese quer in ca. 5 cm lange Stücke schneiden. Die Mungbohnensprossen in einem Sieb kalt abspülen und abtropfen lassen. Das Hackfleisch mit Salz, Pfeffer und Fünf-Gewürze-Pulver würzen und zu 3–4 cm großen Bällchen rollen.

2 Einen Wok erhitzen und die Fleischbällchen darin rundherum ca. 8 Min. goldbraun braten. An den Rand des Wok schieben, die Paprika in die Wokmitte geben und 30 Sek. bei starker Hitze rührbraten. Die Frühlingszwiebeln, Mungbohnensprossen und Sesamsamen dazugeben und alles 2 Min. unter Rühren braten. Die Hoisinsauce mit ca. 5 EL Wasser verrühren, in den Wok gießen und kurz aufkochen lassen. Alles abschmecken.

Für 2 Personen • 35 Min. Zubereitung • Pro Portion ca. 810 kcal, 33 g E, 50 g F, 56 g KH

KNOBLAUCH-LACHS MIT LAUCH

FÜR GÄSTE

100 g Glasnudeln
2 Knoblauchzehen
1 Stück Ingwer (15 g)
4 EL helle Sojasauce
250 g Lachsfilet ohne Haut
1 Lauchstange
30 g geröstete gesalzene Cashewkerne
1 kleine Dose Kokosmilch (165 ml)
Salz, Pfeffer
2 EL geröstetes Sesamöl

1 Die Glasnudeln in eine Schüssel geben, mit kochend heißem Wasser übergießen, bis die Nudeln ganz bedeckt sind. Die Nudeln ca. 15 Min. quellen lassen. Inzwischen den Knoblauch und den Ingwer schälen und in feine Stifte schneiden, mit 2 EL Sojasauce verrühren. Das Lachsfilet abbrausen, trocken tupfen, in 3 cm große Stücke schneiden und in der Marinade wenden.

2 Den Lauch putzen, in schräge, 1 cm dicke Ringe schneiden und gründlich in einem Sieb waschen. Die Ringe in einem Dämpfkörbchen verteilen. Die Cashewkerne klein hacken und in einen Wok geben. Den Wok auf mittlerer Stufe erhitzen und die Cashewkerne goldbraun rösten. Nicht zu dunkel werden lassen, sonst brennen sie an und werden bitter. Die goldbraun gerösteten Cashewkerne im Wok mit 100 ml Wasser und der Kokosmilch ablöschen.

3 Die marinierten Lachswürfel auf dem Lauch verteilen und das Dämpfkörbchen in den Wok stellen. Die Flüssigkeit aufkochen, den Wokdeckel auflegen und Lauch und Lachs bei starker Hitze 8 Min. dämpfen. Das Dämpfkörbchen vorsichtig aus dem Wok heben und zugedeckt beiseitestellen.

4 Die Glasnudeln abtropfen lassen, in den Wok geben, mit der Kokosflüssigkeit und der restlichen Sojasauce verrühren und mit Salz und Pfeffer abschmecken. Die Lachswürfel und den Lauch auf eine Platte oder auf Teller heben, mit dem Sesamöl beträufeln und die Glasnudeln dazu reichen.

GU CLOU

Dämpfen ist perfekt für zartes Fischfleisch, denn es behält im Dampf sein reines Aroma, ohne dass es durch Fette oder Panaden verändert wird. Und das Beste: Gedämpfter Fisch kommt auch garantiert heil auf den Teller, weil er nicht wie beim Braten gewendet werden muss, wobei er meistens zerfällt.

Für 2 Personen • 30 Min. Zubereitung • Pro Portion ca. 330 kcal, 28 g E, 20 g F, 10 g KH

FISCHFILET MIT BAMBUSGEMÜSE

LOW CARB

1 EL Limettensaft
4 EL helle Sojasauce
2 TL Sambal Manis
2 Fischfilets à ca. 150 g (z. B. Rotbarsch)
3 Frühlingszwiebeln
1 rote Paprika
1 Dose Bambussprossen (ca. 170 g Abtropfgewicht)
2 EL Öl
250 ml Fischfond (Glas)
Salz, Pfeffer

TAUSCH-TIPP
Nach Lust, Geschmack und Marktangebot können Sie auf diese Art immer andere Fischfilets und verschiedene Gemüsesorten kombinieren. Toll schmeckt Lachs mit Zuckerschoten oder Kabeljau mit Lauch und Möhren.

1 Den Limettensaft mit 1 EL Sojasauce und Sambal Manis verrühren. Die Fischfilets abbrausen, trocken tupfen und rundherum mit der Marinade einpinseln. Die marinierten Fischfilets nebeneinander in einen Dämpfkorb (hier besser aus Metall oder Kunststoff) legen.

2 Die Frühlingszwiebeln putzen, waschen und erst längs in schmale Streifen, dann quer in etwa 6 cm lange Stücke schneiden. Die Paprika halbieren, entkernen, waschen und in ebenso lange schmale Streifen schneiden. Die Bambussprossen in ein Sieb abgießen und abtropfen lassen.

3 Das Öl in einem Wok erhitzen, das Gemüse darin unter Rühren 30 Sek. bei starker Hitze anbraten. Mit dem Fischfond ablöschen, mit Salz und Pfeffer würzen. Den Dämpfkorb mit den Fischfilets hineinstellen, den Fond zum Kochen bringen, den Wokdeckel auflegen und die Fischfilets knapp 10 Min. zugedeckt dämpfen.

4 Den Dämpfkorb mit den Fischfilets herausheben. Dann das Gemüse mit einer Schaumkelle aus dem Wok heben und auf Teller anrichten. Den Fisch auf das Gemüse setzen. Den Sud im Wok bei sehr starker Hitze kurz noch ein wenig einkochen, über Gemüse und Fisch verteilen und alles mit der restlichen Sojasauce beträufeln.

REGISTER

Vegetarische Rezepte, die im Buch mit einem 🍃 gekennzeichnet sind, sind hier grün abgesetzt.

Abkürzungsverzeichnis:
E = Eiweiß
EL = Esslöffel (gestrichen)
F = Fett
kcal = Kilokalorien
KH = Kohlenhydrate
Msp. = Messerspitze
Pck. = Päckchen
TK = Tiefkühl
TL = Teelöffel (gestrichen)
Ø = Durchmesser

Projektleitung: Sabine Sälzer
Lektorat: Bärbel Schermer
Korrektorat: Ulrike Wagner
Gesamtgestaltung: independent Medien-Design, München: Horst Moser (Artdirection), Lucie Heselich, Svenja Wamser
Herstellung: Petra Roth
Satz: Kösel, Krugzell
Reproduktion: Repro Ludwig, Zell am See
Druck und Bindung: Firmengruppe APPL, aprinta druck, Wemding
Syndication: www.seasons.agency
Printed in Germany

1. Auflage 2018
ISBN 978-3-8338-6620-3

www.facebook.com/gu.verlag

GRÄFE UND UNZER

Ein Unternehmen der
GANSKE VERLAGSGRUPPE

DIE AUTORIN

Angelika Ilies ist seit vielen Jahren als freie Autorin und Food-Journalistin tätig und hat bei GU schon mehrere erfolgreiche Kochbücher geschrieben. Sie liebt die schnelle unkomplizierte Küche und überrascht ihre Familie gern mit immer neuen Kreationen, bei denen sie oft Klassisches durch ungewöhnliche Zutaten und Aromen abwandelt.

DIE FOTOGRAFIN

Anke Schütz
arbeitet in ihrem Studio in Buxtehude für namhafte Verlage und Zeitschriften in den Bereichen Food und Lifestyle. Bei diesem Buch wurde sie unterstützt von **Diane Dittmer** (Foodstyling), **Tania Schultz** und **Kirsten Petersen** (beide Assistenz).

BILDNACHWEIS

Anke Schütz: S. 6-59 und Stepfotos auf den Klappen
Silvio Knezevic: S. 1, 5 und Stilleben auf den Klappen
Autorenfoto: privat
Coverfoto: Silvio Knezevic

Umwelthinweis:
Dieses Buch ist auf PEFC-zertifiziertem Papier aus nachhaltiger Waldwirtschaft gedruckt.

QUALITÄTS G|U GARANTIE

LIEBE LESERINNEN UND LESER,

wir wollen Ihnen mit diesem Buch Informationen und Anregungen geben, um Ihnen das Leben zu erleichtern oder Sie zu inspirieren, Neues auszuprobieren. Wir achten bei der Erstellung unserer Bücher auf Aktualität und stellen höchste Ansprüche an Inhalt und Gestaltung. Alle Anleitungen und Rezepte werden von unseren Autoren, jeweils Experten auf ihrem Gebiet, gewissenhaft erstellt und von unseren Redakteuren/innen mit größter Sorgfalt ausgewählt und geprüft.

Haben wir Ihre Erwartungen erfüllt? Sind Sie mit diesem Buch und seinen Inhalten zufrieden? Haben Sie weitere Fragen zu diesem Thema? Wir freuen uns auf Ihre Rückmeldung, auf Lob, Kritik und Anregungen, damit wir für Sie immer besser werden können. Und wir freuen uns, wenn Sie diesen Titel weiterempfehlen, in Ihrem Freundeskreis oder online.

Sollten wir Ihre Erwartungen so gar nicht erfüllt haben, tauschen wir Ihnen Ihr Buch jederzeit gegen ein gleichwertiges zum gleichen oder ähnlichen Thema um.

KONTAKT

GRÄFE UND UNZER VERLAG
Leserservice
Postfach 86 03 13
81630 München
E-Mail: leserservice@graefe-und-unzer.de

Telefon: 0 08 00 / 72 37 33 33*
Telefax: 0 08 00 / 50 12 05 44*
Mo-Do: 9.00-17.00 Uhr
Fr: 9.00-16.00 Uhr (*gebührenfrei in D,A,CH)

APPETIT AUF MEHR?

ISBN 978-3-8338-6625-8

ISBN 978-3-8338-6799-6

ISBN 978-3-8338-6626-5

ISBN 978-3-8338-6629-6

ISBN 978-3-8338-6630-2

ISBN 978-3-8338-6627-2

ISBN 978-3-8338-6628-9

ISBN 978-3-8338-6623-4

ISBN 978-3-8338-6619-7

ISBN 978-3-8338-6618-0

ISBN 978-3-8338-6616-6

ISBN 978-3-8338-6622-7

ISBN 978-3-8338-6624-1

ISBN 978-3-8338-6614-2

ISBN 978-3-8338-6617-3

ISBN 978-3-8338-6621-0

e Alle hier vorgestellten Bücher sind auch als eBook erhältlich.

G|U

Mehr von GU auf **www.gu.de** und **facebook.com/gu.verlag**

DIE »GU KOCHEN PLUS«-APP

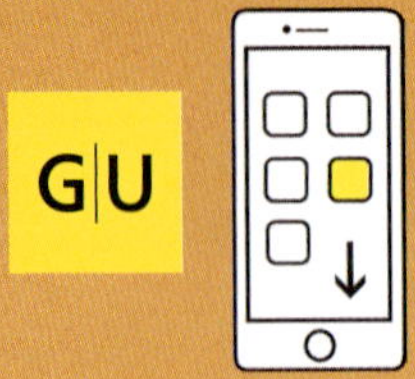

1 APP HERUNTERLADEN

Laden Sie die kostenlose »GU Kochen Plus«-App im Apple App Store oder im Google Play Store auf Ihr Smartphone. Starten Sie die App und wählen Sie Ihren Küchenratgeber aus.

2 REZEPTBILD SCANNEN

Scannen Sie das gewünschte Rezeptbild mit der Kamera Ihres Smartphones. Klicken Sie im Display die Funktion Ihrer Wahl.

3 FUNKTIONEN NUTZEN

Sammeln Sie Ihre Lieblingsrezepte. Speichern und verschicken Sie Ihre Einkaufslisten. Oder nutzen Sie den praktischen Supermarkt-Finder und den Rezept-Planer.